십대자녀를 위한 무릎기도문

특별히 _____ 님께

이 소중한 책을 드립니다.

〈만일 아이가…〉

만일 아이가 비난을 받고 자란다면,
그는 정죄하는 것을 배우게 됩니다.

만일 아이가 적대감을 받고 자란다면,
그는 싸우는 것을 배우게 됩니다.

만일 아이가 놀림을 받고 자란다면,
그는 수줍음을 배우게 됩니다.

만일 아이가 수치심을 느끼며 자란다면,
그는 죄책감을 배우게 됩니다.

만일 아이가 관용 안에서 자란다면,
그는 인내를 배우게 됩니다.

만일 아이가 격려를 받으며 자란다면,
그는 자신감을 배우게 됩니다.

만일 아이가 칭찬을 받으며 자란다면,
그는 감사를 배우게 됩니다.

만일 아이가 공정함 속에서 자란다면,
그는 정의를 배우게 됩니다.

만일 아이가 안정감을 느끼며 자란다면,
그는 믿음을 갖는 것을 배우게 됩니다.

만일 아이가 인정을 받으며 자란다면,
그는 자기 자신을 좋아하는 것을 배우게 됩니다.

만일 아이가 우정을 경험하며 자란다면,
그는 이 세상에서 사랑 찾는 것을 배우게 됩니다.

-작가 미상

⟨부모로서 절대 하지 말아야 할 말들⟩

아래의 말들은 부모의 입에서 절대로 나와서는
안 될 말들입니다. 예외란 없습니다!

01. 내 행동을 따라 하지 말고, 내 말처럼 해라!
02. 너와 그 곳에 같이 갈 수는 없지만,
    그 대신 선물을 줄게.
03. 만일 또다시 이 일을 하면, 그때는
    어떻게 될지 각오해라.
04. 너를 사랑하기 때문에 엄마(또는 아빠)가
    대신 해 주는 거다.
05. 넌 어쩌면 그렇게 바보 같니?
06. 쟤는 100점을 받아 오는데,
    넌 왜 그렇게 못하니?
07. 당장 그만두지 않으면, 이따가
    아빠(또는 엄마)한테 말씀 드릴거야
08. 말 잘 들으면, 용돈을 더 줄게.
09. 하나님께서 나쁜 아이에게 벌주실 거야.
10. 네가 스스로 결정할 수 있게 되면,
    그때 교회에 가도록 해라.

십대자녀를 위한
무릎기도문

멋지고 당당한 십대되게 하소서

나침반

이 책의 사용 방법

❶ 기도를 시작하기 전 먼저, 그 날 묵상할 「오늘의 말씀」을 소리 내어 읽으십시오. 십대 자녀용을 통해 자녀도 함께 기도한다면 그날 자녀와 함께 하나님의 약속인 「오늘의 말씀」을 읽음을 기억하고, 말씀을 읽는 중 주님이 주시는 생각이 있으면 자녀와 나누십시오.

개 개역개정판　표 표준새번역　영 NIV성경

❷ 30일 동안 매일 적당한 시간을 내어 머리로 읽지 말고 마음으로 읽으며 기도하십시오. 30일 기도가 끝난 후에도 수시로 반복해 기도 하십시오.

❸ 5일이 시날 때 마다 기도의 내용을 되돌아보고 「실천사항 점검」하십시오.

Contents _차례

1일

하나님께 인정받는
삶을 살게 하소서

부모로서 자녀에게 줄 수 있는 가장 위대한 선물 중에 한 가지는
바로 부부가 서로 사랑하는 모습을 보여주는 것이다.

❀ 오늘의 말씀 ❀

잠언 3장 5,6절(Proverbs 3:5,6)

개 너는 마음을 다하여 여호와를 신뢰하고 네 명철을 의지하지 말라 너는 범사에 그를 인정하라 그리하면 네 길을 지도하시리라

표 너의 마음을 다하여 주님을 의뢰하고, 너의 명철을 의지하지 말아라. 네가 하는 모든 일에서 주님을 인정하여라. 그러면 주님께서 네가 가는 길을 곧게 하실 것이다.

영 Trust in the LORD with all your heart and lean not on your own understanding; in all your ways acknowledge him, and he will make your paths straight.

"무릇 의인들의 길은 여호와께서 인정하시나 악인들의 길은 망하리로다"(시편 1장 6절)

"너는 진리의 말씀을 옳게 분별하며 부끄러울 것이 없는 일꾼으로 인정된 자로 자신을 하나님 앞에 드리기를 힘쓰라"(디모데후서 2장 15절)

인생을 주관하시는 주님,

영광을 돌립니다.

이 시간 주님이 주신 삶을 통해

주님을 닮아가는 ○○(이)가 되게 하소서.

지혜와 키가 자라가며 하나님과 사람들에게

더욱 사랑스러워 가는 삶이 되게 하소서.

귀한 삶을 주신 주님이심을 알게 하시고,

○○(이)가 주님이 주신 비전을 가지고

그 일을 잘 준비하게 하소서.

깨닫고 맞는 직업을 발견하게 해주옵소서.

세상의 기준에 맞춘 직업이 아닌,

주님이 주신 은사와 적성에 맞는

직업을 갖게 하소서.

씨앗을 뿌리지 않고서
결실을 기대할 수 없듯이,
먼저 주님께 인정받는
하루하루를 보낼 수 있도록
결심하고 노력하게 하시고,
신앙을 성공의 방법으로 삼지 않고,
성공을 신앙의 방법으로 생각하게 하소서.

또한 아무리 중요한 학업일지라도
신앙을 항상 우선으로 놓음으로
정말 중요한 것이 무엇인지 아는
지혜를 깨닫게 해주소서.
그리고 깨달은 지혜를 곧 실천하도록
○○(이)의 삶의 길을 선히 인도하소서.
예수님의 이름으로 기도합니다. 아멘.

좋은 친구, 좋은 선생님을
만나게 하소서

진정한 사랑이란 단순히 욕망의 만족이 아니라,
희생까지도 기꺼이 받아들이는 것입니다.

전도서 12장 11절(Eccleciastes 12:11)

개 지혜자들의 말씀들은 찌르는 채찍들 같고 회중의 스승들의 말씀들은 잘 박힌 못 같으니 다 한 목자가 주신 바이니라

표 지혜로운 사람의 말은 찌르는 채찍 같고, 수집된 잠언은 잘 박힌 못과 같다. 이 모든 것은 모두 한 목자가 준 것이다.

영 The words of the wise are like goads, their collected sayings like firmly embedded nails given by one Shepherd.

"그리스도 안에서 일만 스승이 있으되 아버지는 많지 아니하니 그리스도 예수 안에서 내가 복음으로써 너희를 낳았음이라"(고린도전서 4장 15절)

"그러나 백성 가운데 또한 거짓 선지자들이 일어났었나니 이와 같이 너희 중에도 거짓 선생들이 있으리라 그들은 멸망하게 할 이단을 가만히 끌어들여 자기들을 사신 주를 부인하고 임박한 멸망을 스스로 취하는 자들이라"(베드로후서 2장 1절)

우리를 푸른 초장으로 인도하시고

쉬게 하시는 주님,

감사와 찬양을 드립니다.

특별히 ○○(이)가 선한 영향력을 끼치는

좋은 선생님과 좋은 친구를 만나는

큰복을 누리게 되기를 기도합니다.

학교의 교육 현장과 교회에서

인생의 뿌리를 흔드는 슬픈 일들과 악한 일들이

일어나고 있습니다.

주님, 그러나 이런 순간에도 ○○(이)가

더욱 깨어있고,

믿음이 있고, 지혜도 있고,

분별력도 있는 아이가 되게 지켜 주옵소서.

○○(이)가 믿음의 강한 용사가 되게

주님, 선히 인도하시고 도와주소서

학교에서, 교회에서 만나는 선생님들을
먼저 존중하는 마음을 갖게 하시고,
선한 선생님이 주는 가르침에 귀를 기울임으로
지혜롭게 배우고 익히는
○ ○ (이)가 되게 해주소서.
사단의 역사를 철저하게 막아주소서.

다니엘, 사드락, 메삭, 아벳느고와 같이
믿는 친구들과는 더욱 돈독한 신앙과
또 우정으로 맺어지게 하시고,
믿지 않는 친구들에게 선한 영향력을 주는
주님의 자녀로 바로선 ○ ○ (이)가 되기를
간절히 바라고 구합니다.
늘 주님을 찬송하며 살게하소서.
예수님의 이름으로 기도합니다. 아멘.

3일

성경적인 가치관을
가지게 하소서

당신의 자녀가 독창성을 발휘할 수 있도록 내버려두지 않는다면,
당신은 그 아이가 장래에 어떤 모습으로
꽃을 피우게 될지 보지 못하게 될 것입니다.

☙ 오늘의 말씀 ☙

디모데후서 3장 15절(2Timothy 3:15)

개 또 네가 어려서부터 성경을 알았나니 성경은 능히 너로 하여금 그리스도 예수 안에 있는 믿음으로 말미암아 구원에 이르는 지혜가 있게 하느니라

표 그대는 어려서부터 성경을 알고 있습니다. 성경은 그리스도 예수를 믿는 믿음으로 말미암아 구원에 이르는 지혜를 그대에게 줄 수 있습니다.

영 and how from infancy you have known the holy Scriptures, which are able to make you wise for salvation through faith in Christ Jesus.

"모든 성경은 하나님의 감동으로 된 것으로 교훈과 책망과 바르게 함과 의로 교육하기에 유익하니"(디모데후서 3장 16절)

"여호와를 경외함이 지혜의 근본이라 그의 계명을 지키는 자는 다 훌륭한 지각을 가진 자이니 여호와를 찬양함이 영원히 계속되리로다"(시편 111장 10절)

우리를 구원하신 주님께 감사 드립니다.

성경을 통해 주님을 더욱 알아가고,

주님의 마음을 닮아가며 성장할

○○(이)를 위해 기도합니다.

주님의 말씀은 시대를 초월한 진리임을

먼저 우리 ○○(이)가 깨닫고 또 믿게 하소서.

세월이 변하고 세상은 달라질지라도

우리를 창조하신 주님과

그 사실을 나타낸 성경은 언제나 진리임을

추호의 의심도 없이 믿게 하소서.

마음대로 살라는 세상의 가치관과

죄의 유혹에 빠지지 않게 도와주시고,

말씀을 기준으로 선한 양심을 지켜가는

당당하고 담대한 삶을 살아가게 해주소서.

성경을 통해 지혜를 깨닫게 되기를 원합니다.
성령님의 인도하심을 따라
살아가는 삶이 되기를 원합니다.

주님의 마음을 알고,
그 말씀대로 순종하는 삶으로
주님께 영광이 되는
○○(이)의 삶이 되게 해주소서.

그래서 주님께 기쁨을 드리고
사람들에게 칭찬받는 삶이 되게 하소서.
예수님의 이름으로 기도합니다. 아멘.

4일

건전한 이성관을
갖게 하소서

부모가 자녀에게 줄 수 있는 가장 위대한 것은
바로 부모 자신입니다.

오늘의 말씀

히브리서 13장 4절(Hebrews 13:4)

개 모든 사람은 결혼을 귀히 여기고 침소를 더럽히지 않게 하라 음행하는 자들과 간음하는 자들을 하나님이 심판하시리라

표 모두 혼인을 귀하게 여겨야 하고, 잠자리를 더럽히지 말아야 합니다. 음란한 자와 간음하는 자는 하나님의 심판을 받을 것입니다.

영 Marriage should be honored by all, and the marriage bed kept pure, for God will judge the adulterer and all the sexually immoral.

"마음의 정결을 사모하는 자의 입술에는 덕이 있으므로 임금이 그의 친구가 되느니라"(잠언 22장 11절)

"하나님 아버지 앞에서 정결하고 더러움이 없는 경건은 곧 고아와 과부를 그 환난중에 돌보고 또 자기를 지켜 세속에 물들지 아니하는 그것이니라"(야고보서 1장 27절)

만복의 근원이신 주님, 감사합니다.

십대 때에 필요한 바른 이성관과
건전한 교제를 하게 될 ○○(이)를 위해
오늘도 간절히 주님께 기도합니다.

주님, 모든 면에서 성숙하지 않은 십대에
세상의 잘못된 친구들이 전해주는
그릇된 정보와 분위기에 휩쓸리지 않고
마음을 지킬 수 있는 힘을 주옵소서.

이성교제에 너무 신경을 쓰지 않게 하시고,
그보다 더 중요한 일을 해야 할
귀중한 십대의 시절임을
마음에 기억하게 하시고.
순간의 유혹과 생각에 휩쓸리지 않게 하소서.

좋은 배우자를 만나는 것이 엄청 중요하오니
교제를 하더라도 서로의 미래를 생각하며
배려하고 도움을 주는 관계가 되게 하시고,
믿음안에서 성숙한 교제가 되도록 도와주소서.

십대시절의 교제가 인격과 믿음을
더욱 성숙하고 성장하게 돕는
좋은 매개체로 작용하게 하소서.

이성교제의 문제로 갈등을 빚기보다는
서로를 이해하고자 노력하는
○○(이)와 제가 되게 하옵소서.
예수님의 이름으로 기도합니다. 아멘.

5일

부모와 어른들을 공경하게 하소서

아버지로서 당신이 할 수 있는 가장 중요한 것들 중에
한가지는 바로 당신의 자녀들에게 전념하는 것입니다.

✿ 오늘의 말씀 ✿

에베소서 6장 2,3절(Ephesians 6:2,3)

개 네 아버지와 어머니를 공경하라 이것은 약속이 있는 첫 계명이니 이로써 네가 잘되고 땅에서 장수하리라

표 "네 부모를 공경하여라"한 계명은 약속이 딸려 있는 첫째 계명입니다. "네가 잘 되고, 땅에서 오래 살 것이다" 하신 약속입니다.

영 "Honor your father and mother" which is the first commandment with a promise "that it may go well with you and that you may enjoy long life on the earth."

"네 부모를 공경하라 그리하면 네 하나님 여호와가 네게 준 땅에서 네 생명이 길리라"(출애굽기 20장 12절)

"잘 다스리는 장로들은 배나 존경할 자로 알되 말씀과 가르침에 수고하는 이들에게는 더욱 그리할 것이니라"(디모데전서 5장 17절)

사랑과 은혜로 채워주시는 주님 감사합니다.

○○(이)가 부모님과 어른들에게 공경의 마음을
가질 수 있기를 주님께 기도합니다.

부모님을 공경하는 것은 주님의 계명이며
자신을 위한 계명입니다.
이 사실을 ○○(이)가 이해하게 하시고,
이 사실을 가르치는 저의 모습이
이기적이고 독선적으로 비춰지지 않게 하소서.
부모의 말이 아닌 주님의 말씀으로 받고
믿음으로 순종하며 자라는 자녀가 되게 하소서.

때로는 저의 잘못이나 흠이 보여
자녀의 마음에 근심이 생길지라도
아버지의 실수를 힘써 덮어주었던
셈과 야벳과 같은 지혜로운 자녀가 되어

하나님의 큰복을 받게 해주소서.

뭇 어른들을 향해서도 예의를 항상 잃지 않는
○○(이)가 되게 마음을 주장해 주소서.
그로 인해, 주님께서 모든 것이 형통하게 되고
이 땅에서 건강하게 장수하리라는
주님의 약속의 말씀이
○○(이)에게 임하게 하소서.

또한 자녀를 노엽게 하지 않고
사랑으로 양육하는 부모가 될 수 있도록
저의 마음도 다스려 주소서.
예수님의 이름으로 기도합니다. 아멘.

우리의 최우선 순위이자 최대의 선교지는 바로
우리 자녀들이며, 만일 이 곳에서 실패한다면,
우리는 최악의 패배를 기록하게 되는 것입니다.

1. 당신의 자녀들은 당신의 "사역"의 장애물이 아닙니다.
   이 사실을 깨닫기 바랍니다. 그들은 바로 당신의 사역입니다. 당신의 에너지의 우선 순위를 적절하게 분배하십시오.
2. 당신이 가족과 보내는 시간, 특히 자녀들과 보내는 시간을
   당신이 사업이나 친구들과의 교제, 또는 다른 것들을 하지
   못하게 막는 낭비되는 시간이라고 생각하지 마십시오. 당신
   의 자녀들과 함께 보내는 시간은 삶을 세우고, 악한 세상에
   서 경건한 자녀들을 키우는 소중한 시간입니다.
3. 더 깊은 묵상을 위해 시편 127편을 읽으십시오.

실천 사항 점검

지난 5일 동안 자녀의 특이사항, 실천한 일을 적어보세요.

아이의 특이사항	아이를 위해 실천한 일

6일

고3때에도
주일 성수하게 하소서

오늘날 우리 자녀들이 직면하는 사실상의 실패는 그들이 따를 수
있는 모범을 제공해 주지 못하는 부모들의 실패입니다.

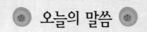

✿ 오늘의 말씀 ✿

마태복음 6장 33절(Matthew 6:33)

개 그런즉 너희는 먼저 그의 나라와 그의 의를 구하라 그리하면 이 모든 것을 너희에게 더하시리라

표 너희는 먼저 하나님의 나라와 하나님의 의를 구하여라. 그리하면 이 모든 것을 너희에게 더하여 주실 것이다.

영 But seek first his kingdom and his righteousness, and all these things will be given to you as well.

"안식일을 기억하여 거룩하게 지키라"(출애굽기 20장 8절)

"너희 각 사람은 부모를 경외하고 나의 안식일을 지키라 나는 너희의 하나님 여호와이니라"(레위기 19장 3절)

변함없는 사랑을 주시는 주님,

감사합니다.

환경과 조건에 관계없이

주님을 예배하고 말씀을 따르는 일이

항상 최우선이 되는 자녀가 되길 기도합니다.

많은 사람들이 고3이 되면,

학업에 열중해야 한다는 이유로,

명문대에 입학해야 한다는 이유로,

교회 생활을 소홀히 하며

주일 예배에 참석하지 않음을 봅니다.

그것이 결코 좋은 결과를 주지 않음을 압니다.

힘들 때일수록 주님을 더욱 의지해야 함을

먼저 제가 깨닫게 하시고,

또한 ○○(이)가 함께 깨닫게 하소서.

주님의 나라와 의를 먼저 구하면
주님께서 선한 결과를 주실 것을 믿게 하시고
어려서부터 주님을 충성스럽게 섬기는
주님께서 보시기에 귀한 아이가 되게하소서.

주님을 향해 흔들림 없는 믿음으로,
그리스도인에게도, 믿지 않는 사람들에게도
본이 되는 고3 시절을 보내는
○○(이)가 되게 하시고, 그런 삶을 위해
격려로 돕는 제가 되게 하소서.

주님을 섬기며 좋은 성과도 거두어
다른 학생과 학부모들에게
좋은 본을 보일 수 있도록 지혜를 부어주소서.
예수님의 이름으로 기도합니다. 아멘.

7일

게임, 약물, TV, 음란물에
중독되지 않게 하소서

하나님께서 당신 안에 살아 계실 때, 당신의 자녀들에게
그분은 진정 살아 계신 하나님이 될 것입니다.

오늘의 말씀

골로새서 3장 5절(Colossians 3:5)

개 그러므로 땅에 있는 지체를 죽이라 곧 음란과 부정과 사욕과 악한 정욕과 탐심이니 탐심은 우상 숭배니라

표 그러므로 땅에 속한 지체의 일들, 곧 음행과 더러움과 정욕과 악한 욕망과 탐욕을 죽이십시오. 탐욕은 우상 숭배입니다.

영 Put to death, therefore, whatever belongs to your earthly nature: sexual immorality, impurity, lust, evil desires and greed, which is idolatry.

"내가 기름으로 제사장들의 마음을 흡족하게 하며 내 복으로 내 백성을 만족하게 하리라 여호와의 말씀이니라"(예레미야 31장 14절)

"그 눈을 뜨게 하여 어둠에서 빛으로, 사탄의 권세에서 하나님께로 돌아오게 하고 죄 사함과 나를 믿어 거룩하게 된 무리 가운데서 기업을 얻게 하리라 하더이다"(사도행전 26장 18절)

의의 길로 인도하시는 주님을

찬양하며 경배합니다.
세상의 유혹과 즐거움에 과도히 빠지지 않고,
믿음의 반석 위에 굳건한 집을 짓는
○○(이)가 되게 하소서.

살면서 오감으로 누리는
많은 즐거움들이 있습니다.
그러나 이 모든 것들을 누리는 것도
주님이 주신 큰복임을 알게 하시고,
그렇기 때문에 주님보다 귀하게 여겨선 안됨을
○○(이)가 알게 해주소서.

그리고 세상의 어떤 즐거움도
주님보다는 귀하게 여기지 않게 하시고,
주님을 예배하는 일을 세상에서 가장

중요하게 여기는 ○○(이)가 되게 하소서.
또 그런 본을 보이는 제가 되게 하소서.

게임에 시간을 많이 뺏기지 않게 하시고,
술과 담배와 같은 잘못된 쾌락들에
빠지지 않는 ○○(이)가 되기를 기도합니다.
성경을 읽는 기쁨이 넘치게 하소서.

TV나 스마트폰 중독되어 수동적이고
무기력한 삶을 살지 않게 하시고,
음란물에 중독되어 자제력을 잃어버리지 않는
경건한 삶으로 마음과 정신을 지키게 해주소서.
좋은 친구들과 건전하게 살게 하소서.
예수님의 이름으로 기도합니다. 아멘.

8일

올바른 경제관념을
갖게 하소서

만일 부모들이 평소에 아이들과 함께해 주었다면,
대체로 부모는 아이들의 마음과 행동을 읽을 수 있습니다.

잠언 11장 24절(Proverbs 11:24)

개 흩어 구제하여도 더욱 부하게 되는 일이 있나니 과도히 아껴도 가난하게 될 뿐이니라

표 남에게 나누어 주는데도 더욱 부유해지는 사람이 있는가 하면, 마땅히 쓸 것까지 아끼는데도 가난해지는 사람이 있다.

영 One man gives freely, yet gains even more; another withholds unduly, but comes to poverty.

"네 구제함을 은밀하게 하라 은밀한 중에 보시는 너의 아버지께서 갚으시리라"(마태복음 6장 4절)

"너희 소유를 팔아 구제하여 낡아지지 아니하는 배낭을 만들라 곧 하늘에 둔 바 다함이 없는 보물이니 거기는 도둑도 가까이 하는 일이 없고 좀도 먹는 일이 없느니라"
(누가복음 12장 33절)

우리의 필요를 아시고 넘치게 채워주시는 주님,

그 넘침을 이웃에게 흘러보내는

성숙한 삶이 되게 하소서.

세상의 원리를 따라 지혜롭게 돈을 벌고

주님이 주시는 마음을 따라 현명하게

돈을 사용하는 ○○(이)가 되기를 기도합니다.

오로지 성공이 목적이며, 돈이 최고라는

잘못된 세상의 생각에서 벗어나

정말 중요하고 소중한 것을

놓치지 않는 주님의 자녀로 지켜주소서.

돈을 벌려고 법을 무시하고

양심을 어기지 않게 하시고,

높은 자리에 오르려고 불법을 행하고

무례한 행위를 하지 않도록

지금도, 또한 나중에도 ○○(이)의 마음과
행동을 지켜주옵소서.
순간의 실수로 앞길이 막히지 않게 하소서.

정당한 방법으로 돈을 벌고,
번 돈을 소중히 여기고
저축하는 습관을 허락하시고,
남을 구제하며 주님의 영광을 위해서 사용하는
필요한 일에는 조금도 아끼지 않으며
과도한 욕심을 부리지 않는
○○(이)의 삶이 되게 하시고,
저도 부족하지만 본을 보이도록 인도하소서.

너무 많아서 주님을 모른다고 하지 않게 하시고
너무 없어서 주님을 오해하지 않게 하소서
예수님의 이름으로 기도합니다. 아멘.

인내하고
절제하게 하소서

문제를 해결할 수 있는 약을 찾을 수 있다는 기대를 안고
약국으로 달려가기 전에, 전체적인 상황을 파악하도록 하십시오.

🌸 오늘의 말씀 🌸

야고보서 1장 4절(James 1:4)

개 인내를 온전히 이루라 이는 너희로 온전하고 구비하여 조금도 부족함이 없게 하려 함이라

표 여러분은 인내력을 충분히 발휘하여, 조금도 부족함이 없이 완전하고 성숙한 사람이 되십시오.

영 Perseverance must finish its work so that you may be mature and complete, not lacking anything.

"이 집에는 나보다 큰 이가 없으며 주인이 아무것도 내게 금하지 아니하였어도 금한 것은 당신뿐이니 당신은 그의 아내임이라 그런즉 내가 어찌 이 큰 악을 행하여 하나님께 죄를 지으리이까"(창세기 39장 9절)

"보라 내가 너를 연단하였으나 은처럼 하지 아니하고 너를 고난의 풀무 불에서 택하였노라"(이사야 48장 10절)

우리를 구원하기위해 십자가의 고난을

끝까지 참으신 주님,

감사와 찬양과 영광을 돌립니다.

주님의 인내와 사랑을

우리 ㅇㅇ(이)도 배우고 따라 살기 원합니다.

학업의 과정 중에 있는 십대의 자녀들에게는

어려운 일도 많이 있습니다.

또 포기하고 싶을 때도 많이 있습니다.

그러나 그런 순간마다 주님이 주시는 인내로

이겨내고 견뎌내는 ㅇㅇ(이)가 되게 하소서.

정말로 힘들 때 포기하지 않고

한 번 더 도전할 힘을 주시고,

지금의 소중한 노력이 쌓여

나중에 큰 결실을 이루게 됨을 깨닫게 하소서.

비록 오늘은 힘들지라도

미래의 결실을 생각하며

기쁨으로 감내하게 하시고

인내와 절제로 미래를 위한 씨앗을 뿌리는

귀중한 10대의 때가 되게 해주옵소서.

푯대를 향하여 주님이 부르신

부름의 상을 위하여 달려가게 하소서.

가족 관계, 교우 관계, 선생님과의 관계를 통해

인내와 절제와 겸손의 덕목이

더욱 성장하고 자라나기를

예수님의 이름으로 기도합니다. 아멘.

순간 순간 하나님을 체험하게 하소서

자녀 양육에서만 균형이 문제가 되는 것이 아닙니다.
인생 자체가 균형을 중시합니다.

🌼 오늘의 말씀 🌼

예레미야 33장 3절(Jeremiah 33:3)

개 너는 내게 부르짖으라 내가 네게 응답하겠고
네가 알지 못하는 크고 비밀한 일을 네게 보이리라

표 네가 나를 부르면, 내가 너에게 응답하겠고, 네가 모르는
크고 놀라운 비밀을 너에게 알려 주겠다.

영 Call to me and I will answer you and tell you great and
unsearchable things you do not know.

"내가 환난 중에서 여호와께 아뢰며 나의 하나님께 아뢰었더
니 그가 그의 성전에서 내 소리를 들으심이여 나의 부르짖음
이 그의 귀에 들렸도다"(사무엘하 22장 7절)

"그러므로 내가 너희에게 말하노니 무엇이든지 기도하고 구하
는 것은 받은 줄로 믿으라 그리하면 너희에게 그대로 되리라"
(마가복음 11장 24절)

우리의 기도를 들으시고

항상 응답하시는 주님, 감사합니다.

주님과 매일 기도로 소통하며

하나님의 마음에 합당한 기도로

응답받는 놀라움이 가득한

○○(이)의 삶이 되게 하소서.

하나님이 주신 비전의 빛을 따라

여호수아처럼, 다니엘처럼

두려움 없이 담대하게 필요를 구하게 하시고,

주님이 주실 응답에 대한 확신이

○○(이)와 저의 기도에 넘치게 하소서.

또한 주님께서 들어주신 기도를

잊지 않고 체크해 주님이 베푸신

은혜를 알게 하소서.

그 받은 응답의 큰복을 기억함으로

감사의 제사를 잊지 않게 하시고

○○(이)가 믿고 예배하는 주님이

지금도 살아서 역사하시며

영원토록 역사하실 주님이심을

날이 갈수록 삶을 통해 더욱 알아가게 하옵소서.

여러가지 분주하고 어려운 삶 속에서

이끄시고 역사하시는 주님을

기도와 그 응답으로 체험하게 하시고,

믿음이 더욱 돈독해져서

평생동안 주님을 의지하며 살아가게 해 주소서.

예수님의 이름으로 기도합니다. 아멘.

모든 어린이의 성장 속도는 다릅니다.
이는 곧 늦다고 여겨지는 어린이들이
단지 조금 늦게 시작한다는 것을 의미합니다.

1. 모든 어린이는 각자의 재능과 능력을 가지고 있습니다.
   당신의 자녀가 어떤 분야에 뛰어난지 살펴보고, 기본적인
   교육을 무시하지 않는 범위에서, 그 부분을 개발할 것을 격
   려하하십시오.
2. 대기만성형인 당신의 자녀를 다른 아이들과 비교하는 실수
   를 범하지 마십시오.
3. 만일 당신의 대기만성형 자녀에게 학습장애가 있다고 느껴
   지면, 전문적인 도움을 받아서 아이가 자신의 또래 집단 안
   에 속해 있을 수 있도록 도와주십시오.
4. 더 깊은 묵상을 위해 사무엘상 1장을 읽으십시오.

실천 사항 점검

지난 5일 동안 자녀의 특이사항, 실천한 일을 적어보세요.

아이의 특이사항	아이를 위해 실천한 일

11일

가족과 가정의 소중함을
알게 하소서

부모는 자녀들을 분풀이 대상으로 삼지 말고,
자신의 분노와 좌절을 다스리는 법을 배워야만 합니다.

🏵 오늘의 말씀 🏵

디모데전서 5장 8절 (1 Timothy 5:8)

개 누구든지 자기 친족 특히 자기 가족을 돌아보지 아니하면 믿음을 배반한 자요 불신자보다 더 악한 자니라

표 누구든지 자기 친척, 특히 가족을 돌보지 않으면, 그는 벌써 믿음을 버린 사람이요, 믿지 않는 사람보다 더 나쁜 사람입니다.

영 If anyone does not provide for his relatives, and especially for his immediate family, he has denied the faith and is worse than an unbeliever.

"믿지 아니하는 남편이 아내로 말미암아 거룩하게 되고 믿지 아니하는 아내가 남편으로 말미암아 거룩하게 되나니 그렇지 아니하면 너희 자녀도 깨끗하지 못하니라 그러나 이제 거룩하니라"(고린도전서 7장 14절)

"나의 자녀들아 너희 속에 그리스도의 형상을 이루기까지 다시 너희를 위하여 해산하는 수고를 하노니"(갈라디아서 4장 19절)

좋은 가정을 허락하여 주신 주님! 감사합니다.

주님께서 집을 세우지 아니 하시며
세우는 자의 수고가 헛되다고 하신 말씀을 믿고
가정과 가족을 주신 주님을 찬양합니다.

저희 가정이 주님의 말씀에 따라
서로를 격려하고 화합하고자
서로 노력하게 하시고,
주님의 보호하심이 임하는
처소가 되게 하옵소서.

하나님 말씀을 중심으로
믿음의 원리를 지키는 가정이 되게 하시고,
서로 간의 불신과 반목, 분노와 무례가 아닌
오로지 믿음과 사랑과 감사와 찬양이
언제나 넘치는 화목한 가정이 되게 하소서.

자녀인 ○○(이)는 저희를 존경하고,
경청하고, 사랑으로 순종하게 하시고,
저희는 ○○(이)를 보살피고, 사랑하고,
섬기며 양육하게 하소서.

좋은 감정과 믿음이 선순환이 되는
믿음의 가정으로 혼탁한 이 세상이지만
굳건하게 세워주소서.

하나님이 기뻐하시는 가정이 되고,
이 땅에서 천국의 기쁨을 누리는
즐거운 가정이 되도록 저희 가족을
지켜주시고 인도해 주실 줄 믿습니다.
예수님의 이름으로 기도합니다. 아멘.

12일

정직한 마음으로
지혜롭게 살게 하소서

취미생활, 오락, 예배, 그리고 함께 지내기 위해 시간을 냄으로써,
당신이 중요하다고 생각하는 것을 보여주게 됩니다.

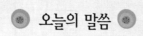

오늘의 말씀

시편 7장 10절(Psalms 7:10)

개 나의 방패는 마음이 정직한 자를 구원하시는 하나님께 있도다

표 하나님은 나를 지키시는 방패시요, 마음이 올바른 사람에게 승리를 안겨 주시는 분이시다.

영 My shield is God Most High, who saves the upright in heart.

"거짓말하는 자들을 멸망시키시리이다 여호와께서는 피 흘리기를 즐기는 자와 속이는 자를 싫어하시나이다"(시편 5장 6절)

"슬기로운 자의 지혜는 자기의 길을 아는 것이라도 미련한 자의 어리석음은 속이는 것이니라"(잠언 14장 8절)

주님을 찬양하며 경배합니다.

주님, 비록 아직 어린 십대의 시절이지만
사단이 간교한 뱀처럼 역사하고 있습니다.

매일 같이 양심을 어기게 하고
죄를 짓고 싶은 마음을 갖게 하고
부정적인 생각을 갖게 합니다.
그러나 악한 마음들은
주님이 주시는 마음이 아니며
마귀의 간교한 공격이라는 것을
○○(이)가 깨닫게 하시고
사단의 공격을 단호하고 강력하게
물리칠 수 있는 힘을 ○○(이)에게 주소서.

이런 잘못된 순간들에 마음을 빼앗겨
주님의 말씀을 어기지 않게 도와주시고,

잘못된 합리화로 양심이 둔해지고 죄에 빠져
선한 행실로부터 멀어지는 삶을
살아가지 않게 하소서.

요셉과 같은 정직한 마음으로,
디모데와 같은 순결한 지혜로,
주님을 기쁘게 해드리는
○○(이)가 되기를 오늘도 주님께 기도합니다.

주님을 경외하는 것이
참으로 지혜의 정수임을 알게 하소서.
정직한 사람에게 주시는 주님의 큰복이
○○(이)의 삶에 넘치기를 소망합니다.
주님, 순간순간 사단의 공격을 주님의 이름으로,
주님의 말씀으로 물리쳐 주소서.
예수님의 이름으로 기도합니다. 아멘.

다른 사람의 폭언과 무례에
상처받지 않게 하소서

미처 깨닫지 못하는 사이에, 부모들은 자신의 자녀들에게
거짓말하는 법을 가르쳐주고 있고, 오히려 그러한 행동을
격려하고 있습니다.

❀ 오늘의 말씀 ❀

요한복음 14장 27절(John 14:27)

개 평안을 너희에게 끼치노니 곧 나의 평안을 너희에게 주노라 내가 너희에게 주는 것은 세상이 주는 것 같지 아니하니라 너희는 마음에 근심도 말고 두려워하지도 말라

표 나는 평화를 너희에게 남겨 준다. 나는 내 평화를 너희에게 준다. 내가 주는 평화는 세상이 주는 평화와 같은 것이 아니다. 너희는 마음에 근심하지 말고, 두려워하지도 말아라.

영 Peace I leave with you; my peace I give you. I do not give to you as the world gives. Do not let your hearts be troubled and do not be afraid.

"여호와께서 자기 백성에게 힘을 주심이여 여호와께서 자기 백성에게 평강의 복을 주시리로다"(시편 29장 11절)

"주께서 심지가 견고한 자를 평강하고 평강하도록 지키시리니 이는 그가 주를 신뢰함이니이다"(이사야 26장 3절)

우리를 존귀한 주님의 자녀로 삼아주시는

주님의 은혜와 사랑에 감사를 드립니다.
주님이 주신 귀한 입과 혀로
남을 세워주고 격려하는 일에만 사용하게
○○(이)의 마음과 언행을 주장하여 주소서.

비판과 비난의 모습을 보이기보다
배려의 마음과 성품을 가지는 십대로
자녀의 삶을 인도해주소서.
또 그런 배려의 마음과 성품으로
다른 사람들도 우리 자녀를 대하게 하소서.

사람들을 비판하고 비난하는 일에는
책임이 따른다는 것을 항상 기억하게 하시고,
그러나 다른 사람의 이유 없는 비난과 무례에는
개의치 않고 신경 쓰지 않게 강한 힘을 주소서.

그러나 주위 사람들의 비난으로
마음이 힘들 때에는
주님께 마음을 고백하며 기도하게 하시고,
주님의 위로와 지혜와 승리를 체험케 하소서.
행여나 잘못된 마음을 품거나
잘못된 방법을 선택하지 않게 하소서.

주님께 더욱 의지함으로 위로받고
사람들에게 받는 상처를 이길 힘을 얻는
지혜로운 ○○(이)가 되게 하소서.
주님이 이기신 세상을
주님의 약속의 말씀을 붙들고
○○(이)도 이기게 하소서.
예수님의 이름으로 기도합니다. 아멘.

14일

어려움 당하는
친구들을 돕게 하소서

가치기준은 아이들이 성장하는 환경에 의해 형성되며,
여기에는 부모의 행동뿐 아니라 태도도 포함됩니다.

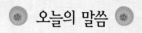

🌸 오늘의 말씀 🌸

베드로전서 4장 10절(1 Peter 4:10)

개 각각 은사를 받은 대로 하나님의 여러 가지 은혜를 맡은 선한 청지기 같이 서로 봉사하라

표 모두 자기가 받은 은사를 따라서, 하나님의 여러 가지 은혜를 맡은 선한 관리인으로서, 서로 봉사하십시오.

영 Each one should use whatever gift he has received to serve others, faithfully administering God's grace in its various forms.

"너희가 만일 성경에 기록된 대로 네 이웃 사랑하기를 네 몸과 같이 하라 하신 최고의 법을 지키면 잘하는 것이거니와" (야고보서 2장 8절)

"사람이 친구를 위하여 자기 목숨을 버리면 이보다 더 큰 사랑이 없나니"(요한복음 15장 13절)

주님, 부족한 저를 주님의 자녀로

부르시고 세우심에 감사를 드립니다.
구원의 은혜에 감격해
말씀을 묵상하고 깨달을 뿐 아니라
또한 실천하며 적용해 나가는
저와 ○○(이)의 삶이 되기를 원합니다.

하나님의 귀한 사랑을 받는
○○(이)가 주님이 붙여주신 귀한 친구들을
무작정 경쟁상대로만 생각하지 않게 하시고,
도울 수 있는 부분이 있다면 계산하지 않고
거리낌 없이 다가가 먼저 베풀 용기를 주소서.

외모와 말투, 옷차림과 소문이나 성적으로
친구들을 평가하고 따돌리지 않게 해주시고,
모든 일들을 두려움 없이

진실한 마음으로 매일 행하는
주님의 자녀로 ○○(이)를 세워주세요.

선한 사마리아인처럼
옳은 일을 행할 수 있게
가슴에는 뜨거운 용기를 주시고,
그 작은 용기로 친구들을 변화시키고,
세상을 작은 천국으로 만들어 가게 하소서.

주님의 말씀대로 실천하며 살 때
주님의 말씀대로 큰복을 누릴 줄 믿습니다.
예수님의 이름으로 기도합니다. 아멘.

진학에 따른 변화에
잘 적응하며
잘 준비하게 하소서

오늘날 많은 부모들은 자신들이 자녀들의 삶 속에 주된 영향을
주고 있다고 생각하지만, 실제로 그들은 단지 물질적인 것들을
자녀에게 제공해 주고 있을 뿐입니다.

⚘ 오늘의 말씀 ⚘

로마서 12장 2절(Romans 12:2)

개 너희는 이 세대를 본받지 말고 오직 마음을 새롭게 함으로 변화를 받아 하나님의 선하시고 기뻐하시고 온전하신 뜻이 무엇인지 분별하도록 하라

표 여러분은 이 시대의 풍조를 본받지 말고, 마음을 새롭게 함으로 변화를 받아서, 하나님의 선하시고 기뻐하시고 완전하신 뜻이 무엇인지를 분별하도록 하십시오.

영 Do not conform any longer to the pattern of this world, but be transformed by the renewing of your mind. Then you will be able to test and approve what God's will is his good, pleasing and perfect will.

"온갖 좋은 은사와 온전한 선물이 다 위로부터 빛들의 아버지께로부터 내려오나니 그는 변함도 없으시고 회전하는 그림자도 없으시니라"(야고보서 1장 17절)

"그러나 내가 가는 길을 그가 아시나니 그가 나를 단련하신 후에는 내가 순금 같이 되어 나오리라"(욥기 23장 10절)

귀한 생명과 비전, 달란트를 허락하신 주님,

마음을 다해 감사와 찬양을 드립니다.

목적에 합당한 삶을 살아가므로

주님을 찬양하고 경배하는

○○(이)가 되기를 이 시간 기도합니다.

우리 ○○(이)의 귀한 앞날을 지켜주시고,

앞으로 해야 할 일과 공부,

품어야할 꿈이 무엇인지

성령님께서 가르쳐 주소서.

주님, 때로는 예상하지 못한 변화들,

혹은 나쁘다고 생각되는 일이 일어나게 됩니다.

그러나 우리의 삶을 통해

분명한 계획을 갖고 계시는 주님을 절대적으로

신뢰하고 믿는 ○○(이)가 되게 하옵소서.

주님 안에서는 모든 것이 합력하여
선을 이루게됨을 깨닫고 믿게 하옵소서.

골리앗 앞에 선 다윗과 같이
세상이나 변화를 두려워하지 않고
믿음의 야성을 가지고
담대히 나아가게 하시고,
세상 위에 우뚝 서는 인재로 자라나게 하소서.

최악의 상황에서도
주님을 온전히 신뢰하는 믿음을 가진
○○(이)가 되기를 주님께 구합니다.
예수님의 이름으로 기도합니다. 아멘.

부모로서 당신은 자녀의 IQ를 높이는 것에는 별로 기여하지 못할 것입니다.

그러나 당신은 자녀의 CQ(Curiosity Quotient - 호기심 지수)를 만족시키는 것에는 크게 기여할 수 있으며, 그렇게 함으로써 자녀의 잠재력 개발은 최대화 될 것입니다.

1. 토마스 에디슨은 자신의 성취는 집착과 인내의 결과라고 말했습니다. 당신의 어린 자녀들이 끊임없이 묻는 질문들을 당신은 어떻게 다루고 있습니까?

2. 자녀의 질문에 답해 주는 것은 좋습니다. 그러나 자녀가 스스로의 답을 발견할 수 있도록 돕는 것이 더 좋습니다.

3. 비양심적인 사람들은 당신이 자녀에게 최고의 것을 주고 싶어하는 욕구를 이용하여, 당신에게 엄청난 값의 물건들을 팔려고 애쓰고 있으며, 때로 그것들은 진정한 교육 성과에는 전혀 쓸모 없는 것 일 수도 있습니다. 그러므로 먼저 그 자료들을 사용해 본 적이 있는 부모들에게 반드시 조언을 구하고 확인하십시오.

4. 인터넷을 활용해서 자녀의 잠재력 개발을 위한 자료를 찾아보십시오.

5. 더 깊은 묵상을 위해 요한복음 1장 41~51절을 읽으십시오.

실천 사항 점검

지난 5일 동안 자녀의 특이사항, 실천한 일을 적어보세요.

아이의 특이사항	아이를 위해 실천한 일

건전하고 품위 있는
언어생활을 하게 하소서

그것이 긍정적이든 부정적이든,
어린이의 삶 속에 줄 수 있는 가장 심오한 영향력은 바로
어머니와 아버지가 보여주는 모범입니다.

❀ 오늘의 말씀 ❀

잠언 25장 11절(Proverbs 25:11)

개 경우에 합당한 말은 아로새긴 은 쟁반에 금 사과니라

표 경우에 알맞는 말은, 은쟁반에 담긴 금사과이다.

영 A word aptly spoken is like apples of gold in settings of silver.

"무엇이든지 밖에서 사람에게로 들어가는 것은 능히 사람을 더럽게 하지 못하되 사람 안에서 나오는 것이 사람을 더럽게 하는 것이니라 하시고"(마가복음 7장 15-16절)

"누추함과 어리석은 말이나 희롱의 말이 마땅치 아니하니 오히려 감사하는 말을 하라"(에베소서 5장 4절)

귀하고 귀하신 우리 주님께 오늘도

찬양으로 감사를 드립니다.
주님이 받으시기 합당한 말을 함으로
주님께서 열납하는 ○○(이)가 되도록
입술을 주장하여 주소서.

주님, 시대가 너무나 악합니다.
많은 아이들이 습관적으로 욕을 하고,
또 그것을 의식하지 못하고 살아갑니다.

그러나 친구들과 주변 분위기를 따라
함께 욕을 하며 섞이는 것이 아니라
그런 분위기와 세태에 휩쓸리지 않고,
바른 말로 입술로 죄를 짓지 않는
정결한 입술과 마음을 허락하소서.

또한 배려와 격려의 언어생활을 하는
○○(이)가 되게 습관을 주장해 주소서.
어렵더라도 포기하지 않게 하시고,
이런 습관의 중요성을 알게 하소서.

때에 합당한 말을 하도록
성령님께서 이끌어주시고
그 마음에 선한 생각이 넘치게 하소서.

친구들과 어울리거나 무시 받지 않기 위해서
욕과 거친 말을 하지 않아도 된다는
중요한 사실을 깨닫게 하시고,
언제나 주님이 기뻐하시는 말만 하는
○○(이)가 되기를 간절히 구합니다.
예수님의 이름으로 기도합니다. 아멘.

17일

어떤 경우도
하나님을 의지하게 하소서

만일 승자가 되기 원한다면, 설교하는 것을 멈추고
실천하는 것에 더 힘써야 합니다.

❀ 오늘의 말씀 ❀

시편 40장 4절 (Psalms 40:4)

개 여호와를 의지하고 교만한 자와 거짓에 치우치는 자를 돌아보지 아니하는 자는 복이 있도다

표 복되어라, 주님을 신뢰하여 오만한 자와 거짓말을 하는 자에게 빠져들지 않는 사람.

영 Blessed is the man who makes the LORD his trust, who does not look to the proud, to those who turn aside to false gods.

"내가 환난 중에서 여호와께 아뢰며 나의 하나님께 부르짖었더니 그가 그의 성전에서 내 소리를 들으심이여 그의 앞에서 나의 부르짖음이 그의 귀에 들렸도다"(시편 18장 6절)

"나는 주의 힘을 노래하며 아침에 주의 인자하심을 높이 부르오리니 주는 나의 요새이시며 나의 환난 날에 피난처심이니이다"(시편 59편 16절)

○○(이)의 삶을 통해 놀랍게 역사하실 주님,

영광과 경배와 찬양을 주님께 돌려 드립니다.

일의 계획은 사람에게 있지만

일의 성패는 하나님에게 있다는 말씀처럼,

최선을 다해 노력을 하고 계획을 세우되,

모든 결과는 주님께 맡기며

걱정없이 사는 ○○(이)가 되게 해주소서.

말씀과 기도로, 그리고 사랑과 선행으로

매일 주님의 뜻을 묵상하게 하시고,

그 뜻을 따라 살고자 노력하고,

더더욱 주님을 깊게 의지하는 믿음으로

○○(이)를 성장시켜 주시고 이끌어 주소서.

말 한 마디, 행동 하나라도

주님의 뜻을 실천하는 삶이 되게
매일의 발걸음을 인도해주시고,
주님 안에서 지혜가 자라고 키가 자라면서도
자신의 지혜나 지식,
세상의 잘못된 가치관을
따르지 않게 하소서.

사망의 음침한 골짜기에서도 주님이 함께하시니
해를 받지 않을 것을 굳건히 믿고
온전히 주님만을 더욱 의지하도록
○○(이)의 삶을 이끌어주소서.
예수님의 이름으로 기도합니다. 아멘.

키와 지혜가 자라고
주님과 사람들에게
사랑받게 하소서

자녀양육은 부모가 아이를 기르는 것인지,
아이가 부모를 기르는 것이 아닙니다.

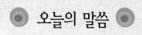

오늘의 말씀

누가복음 2장 52절(Luke 2:52)

개 예수는 그 지혜와 그 키가 자라가며 하나님과 사람에게 더 사랑스러워 가시더라

표 예수는 지혜와 키가 자라며, 하나님과 사람에게 더욱 사랑을 받았다.

영 And Jesus grew in wisdom and stature, and in favor with God and men.

"내가 주의 계명들을 믿었사오니 좋은 명철과 지식을 내게 가르치소서"(시편 119장 66절)

"지혜가 제일이니 지혜를 얻으라 네가 얻은 모든 것을 가지고 명철을 얻을지니라"(잠언 4장 7절)

주님의 십자가 사랑을 높이 찬양합니다.

날마다 지혜가 자라고 육체가 자라며

하나님과 사람들에게 사랑을 받았던 주님처럼

○○(이)가 몸과 마음이

균형 있게 성장하게 해주시고

주님과 사람들에게도 사랑 받기를

이 시간 주님께 간절히 기도합니다.

○○(이)가 주님을 아름답게 섬기며

세상을 살아가는 기쁨이 충만케 하소서.

예배를 통해 주님을 찬양하고,

말씀을 통해 지혜를 얻고

주님의 지팡이와 막대기로 순간 순간

○○(이)를 안전히 보호하시는 주님을

날이 갈수록 더욱 체험하게 하소서.

또한 질병의 문제가 없이
신체가 건강하게 성장하게 하시고,
좋은 체력과 유연성을 주시고,
잔병을 치르지 않는
강건한 육체를 갖도록
면역체계를 보호해주소서.

육체의 건강뿐 아니라
건전한 정신과
지혜로운 두뇌도 허락하소서.
그 어떤 지혜와 능력이 있더라도
세상의 부귀와 사람의 인정이라도
하나님을 향한 믿음이 없다면
아무런 소용도, 의미도 없음을
○○(이)가 어려서부터 깨닫게 하소서.
예수님의 이름으로 기도합니다. 아멘.

19일

매일 밤 편안한 수면을
취하게 하소서

가치관들은 가정 안에서 세워지며,
아이들은 그것들과 함께 자랍니다.

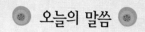

오늘의 말씀

마태복음 11장 28절(Matthew 11:28)

개 수고하고 무거운 짐 진 자들아 다 내게로 오라 내가 너희를 쉬게 하리라

표 "수고하며 무거운 짐을 진 사람은 모두 내게로 오너라. 내가 너희를 쉬게 하겠다.

영 "Come to me, all you who are weary and burdened, and I will give you rest.

"노동자는 먹는 것이 많든지 적든지 잠을 달게 자거니와 부자는 그 부요함 때문에 자지 못하느니라"(전도서 5장 12절)

"이것을 너희에게 이르는 것은 너희로 내 안에서 평안을 누리게 하려 함이라 세상에서는 너희가 환난을 당하나 담대하라 내가 세상을 이기었노라"(요한복음 16장 33절)

우리의 영육을 쉬게 하시는 주님께

감사와 영광을 돌립니다.
사랑하는 자에게 잠을 주시는 주님,
깊은 잠으로 몸과 정신을 회복시켜 주시고,
활기찬 에너지를 갖고
새로 하루를 시작하는 놀라운 은혜를
○○(이)의 매일 밤마다 허락해 주소서.

지나친 게임, TV, 다른 유혹 등에 빠져서
늦게까지 잠을 자지 못하는 방해로부터
과감히 빠져나오게 용기를 해주시고,
이미 지난 하루에 대한 후회나
다음날에 대한 걱정이 없이
모든 것을 주님께 맡기며 편안한 마음으로
잠자리에 들게 하소서.

잠을 자는 도중에는 깊은 수면을 통해
모든 근육의 피로가 사라지게 하시고,
공부한 것들이 잘 저장되게 하시고,
몸을 회복시키는 호르몬과 물질들이
부족함이 없이 생성되어
새날을 시작하기에 필요한 모든 것들을
풍족하게 허락하시고 채워주소서.

새로운 하루를 주님과 함께 시작할 수 있도록
○○(이)가 깊은 단잠을 자게 허락하시고
악몽이나 가위에 눌리거나 쥐가 나는 일 없게
편한 잠을 자도록 지켜 보호해 주소서.
예수님의 이름으로 기도합니다. 아멘.

20일

모든 것을 믿음의 눈으로 보고
하나님께
감사하게 하소서

당신이 행하는 모든 것들이
당신 자녀의 감성능력에 영향을 끼칩니다.

❀ 오늘의 말씀 ❀

시편 121편 1,2절(Psalms 121:1,2)

개 내가 산을 향하여 눈을 들리라 나의 도움이 어디서 올까
나의 도움은 천지를 지으신 여호와에게서로다

표 내가 눈을 들어 산을 본다. 내 도움이 어디에서 오는가?
내 도움은 하늘과 땅을 만드신 주님에게서 온다.

영 I lift up my eyes to the hills-- where does my help
come from? My help comes from the LORD, the
Maker of heaven and earth.

"또 너희가 어찌 의복을 위하여 염려하느냐 들의 백합화가 어
떻게 자라는가 생각하여 보라 수고도 아니하고 길쌈도 아니
하느니라"(마태복음 6장 28절)

"그러므로 너희가 그리스도 예수를 주로 받았으니 그 안에서
행하되 그 안에 뿌리를 박으며 세움을 받아 교훈을 받은 대
로 믿음에 굳게 서서 감사함을 넘치게 하라"
(골로새서 2장 6-7절)

눈동자처럼 우릴 지켜주시는 주님,

베풀어주시는 은혜를 감사합니다.

한순간도 우리를 버려두지 않으시는

주님의 성실을 매일 깨닫고,

믿음과 감사가 더욱 충만한 삶이 되게

○○(이)의 삶을 주장해주소서.

하루를 살며 경험하는 많은 일들이 있습니다.

그 모든 일들이 좋은 일이든, 나쁜 일이든 간에

모든 일에는 주님의 뜻이 있음을

○○(이)가 알게 지혜를 주소서.

또한 세상의 모든 일들을

여호수아와 갈렙처럼

믿음의 시각으로 바라보게 하시고,

부정적인 시선으로 모든 것을 바라보며

불의에 체념하는 자세가 아니라,
은혜의 눈으로 바라보며
더 나은 세상을 위해 도전하는
느헤미야와 같은 시선과 능력을
○○(이)에게도 허락하여 주소서.
그리고 다니엘처럼 어떤 상황에서도
주님을 의지해 당당하고 담대하게 하소서.

모든 삶의 순간에 주님이 함께 하셨음을
지난 하루, 한 주, 한 달의 삶을 통해
알게 하시고, 그 믿음을 통해
하나님을 향한 감사가 넘치는 신앙인으로
○○(이)가 자라게 되기를 간구합니다.
예수님의 이름으로 기도합니다. 아멘.

듣는 것은 배움의 경험이기도 합니다. 당신은 그렇게 함으로써 지금 당신의 이야기를 들어주고 있는 사람이 - 그가 네 살짜리 어린아이이든, 혹은 당신의 동업자이든 - 당신에게 있어서 중요하고 가치 있는 존재라는 믿음을 그에게 전해주는 것입니다. 그것은 "너의 이야기에 완전히 전념할 만큼 나는 너에게 관심을 가지고 있다"라고 말해주는 것입니다.

1. 아이들에게 이렇게 물어 보십시오.
   "아빠는 너희 이야기를 얼마나 잘 들어주는 사람이니? 1에서 10까지 등급을 매긴다면, 아빠는 어느 정도 되겠니?"
2. 아빠들이여, 만일 당신의 자녀가 문제를 가지고 있다면, 그는 누구에게 이야기할 것 같습니까? 만일 아이가 당신에게 이야기하지 않을 것 같다면, 왜 그럴까요?
3. "아빠에게 하고 싶은 이야기가 있어요. 들어주실 거예요?"라고 말하는, 비언어적인 신호들을 잘 파악하십시오. 그렇게 함으로써 당신은 놀라운 것들을 발견하게 될 것입니다.
4. 위 문장의 「아빠」를 「엄마」로 바꿔서 읽고, 더 깊은 묵상을 위해 디모데후서 4장 10~17절을 읽으십시오.

실천 사항 점검

지난 5일 동안 자녀의 특이사항, 실천한 일을 적어보세요.

아이의 특이사항	아이를 위해 실천한 일

21일

새로운 도전을
두려워하지 않게 하소서

당신은 자녀의 도덕적, 영적 본질을 길러 주는 데에
당신의 노력을 집중시켜야 합니다.

● 오늘의 말씀 ●

이사야 43장 19절(Isaiah 43:19)

개 보라 내가 새 일을 행하리니 이제 나타낼 것이라 너희가 그것을 알지 못하겠느냐 반드시 내가 광야에 길을 사막에 강을 내리니

표 내가 이제 새 일을 하려고 한다. 이 일이 이미 드러나고 있는데, 너희가 그것을 알지 못하겠느냐? 내가 광야에 길을 내겠으며, 사막에 강을 내겠다.

영 See, I am doing a new thing! Now it springs up; do you not perceive it? I am making a way in the desert and streams in the wasteland.

"이 후에 여호와의 말씀이 환상 중에 아브람에게 임하여 이르시되 아브람아 두려워하지 말라 나는 네 방패요 너의 지극히 큰 상급이니라"(창세기 15장 1절)

"너는 그들을 두려워하지 말라 너희의 하나님 여호와 곧 크고 두려운 하나님이 너희 중에 계심이니라"(신명기 7장 21절)

우리의 피난처가 되시는 주님,

눈동자처럼 보호해주심을 감사합니다.

주님이 주신 비전을 위해서라면

언제나 담대하게 도전할 수 있는 믿음을

○○(이)의 마음에 허락하여 주소서.

주님이 주신 꿈을 이루기 위해서는

많은 도전의 순간들이 필요합니다.

새로운 길을 개척해야 할 수도 있습니다.

또 이미 아쉽게 떠나보낸

순간들이 있을 수도 있습니다.

그런 순간이 찾아와도 두려워 않게 하시고

주님이 주신 확신만 있다면

언제라도 발걸음을 내딛을 수 있게 하소서.

물질과 환경 같은 이유로

도전을 포기하지 않게 하시고,
역경을 헤쳐 나가고 주님을 체험할 수 있는
좋은 멘토들과 동역자들을 만날 수 있도록
만남의 은혜가 있게 하소서.
광야에 길을 내시며, 사막에 강을 내시는 주님,
모든 상황 가운데 ○○(이)를
푸른 초장, 쉴만한 물가로 인도하실 것을 믿고
더욱 주님만을 의지하게 하소서.

기드온과 같은 담대한 용기를 주시고
요셉과 모세처럼
여호수아와 갈렙처럼
주님이 주신 비전을 향해 달려가게 하소서.
예수님의 이름으로 기도합니다. 아멘.

경청하는 사람이 되게 하소서

머리로 그리스도에 대한 지식을 가지고 있는 것과 그것을
당신의 마음에 지니고 있는 것은 전혀 다른 별개의 것입니다.

오늘의 말씀

야고보서 1장 19절(James 1:19)

개 내 사랑하는 형제들아 너희가 알지니 사람마다 듣기는 속히 하고 말하기는 더디 하며 성내기도 더디 하라

표 나의 사랑하는 신도 여러분, 여러분은 이것을 알아 두십시오. 누구든지 듣기는 빨리하고, 말하기는 더디 하고, 노하기도 더디 하십시오.

영 My dear brothers, take note of this: Everyone should be quick to listen, slow to speak and slow to become angry

"사무엘이 이르되 여호와께서 번제와 다른 제사를 그의 목소리를 청종하는 것을 좋아하심 같이 좋아하시겠나이까 순종이 제사보다 낫고 듣는 것이 숫양의 기름보다 나으니"
(사무엘상 15장 22절)

"교만에서는 다툼만 일어날 뿐이라 권면을 듣는 자는 지혜가 있느니라"(잠언 13장 10절)

우리의 삶을 풍요롭게 하시는 주님,

주신 복을 감사합니다.

주님의 말씀을 청종하며,

다른 사람들의 말에도 귀를 기울일 줄 아는

○○(이)가 되기를 이 시간 기도합니다.

집중해서 먼저 듣고, 신중하게 말하는 것이

가장 중요한 소통의 기술이자 비결임을

○○(이)가 알게 하시고

나의 의견과 생각만 말하기보다

먼저 남에게 귀기울일 줄 아는

경청할 줄 아는 자녀가 되게 하소서.

어떤 사람을 마주하더라도 말을 흘려듣지 않고

눈을 마주치며 진중한 자세로 듣고

말을 먼저 끊지 않고, 필요한 말만 골라 하는

지혜로운 언어 습관을 갖게 하소서.

경청을 통해 상대방을 읽을 수 있게 하시고,

유머도 주셔서 사람들에게 기쁨을 주게 하소서.

처음엔 조금 힘들더라도

포기하지 않고 노력하게 하시고,

일상에서 만나는 사람들과의 관계부터

경청의 자세를 익혀 나가는

○○(이)가 되게 인도하소서.

특별히 주님의 말씀을 경청하게 하시고

목사님의 설교도 경청하게 하시고

선생님들의 가르침과 친구들과 대화도

경청하는 겸손을 허락하여 주소서.

예수님의 이름으로 기도합니다. 아멘.

23일

가난하고 어려운 사람을
무시하지 않고
돕게 하소서

선을 그어주고, 그것을 사랑으로 시행하는 것은
아이가 인생을 준비하는 데 도움을 줍니다.

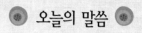

오늘의 말씀

마태복음 25장 40절(Matthew 25:40)

개 임금이 대답하여 이르시되 내가 진실로 너희에게 이르노니 너희가 여기 내 형제 중에 지극히 작은 자 하나에게 한 것이 곧 내게 한 것이니라 하시고

표 임금이 그들에게 말하기를 '내가 진정으로 너희에게 말한다. 너희가 여기 내 형제자매 가운데, 지극히 보잘 것 없는 사람 하나에게 한 것이 곧 내게 한 것이다' 할 것이다.

영 The King will reply, 'I tell you the truth, whatever you did for one of the least of these brothers of mine, you did for me.'

"네 구제함을 은밀하게 하라 은밀한 중에 보시는 너의 아버지께서 갚으시리라"(마태복음 6장 4절)

"도둑질하는 자는 다시 도둑질하지 말고 돌이켜 가난한 자에게 구제할 수 있도록 자기 손으로 수고하여 선한 일을 하라"(에베소서 4장 28절)

일용할 양식을 주시는 주님,

주님의 은혜에 감사합니다!

주님께 받은 큰복을 잊지 않고,

주변의 어려운 사람들과도 함께 나누고

신경 쓰는 선한 마음을 위해 기도합니다.

○○(이)도 남을 나보다 낮게 여기시는

주님의 마음을 갖게 하시고,

주위의 집안이 어렵거나, 약점이 있는 친구들을

놀리거나 괴롭히지 않게 하시고,

오히려 보호하고 먼저 다가가 돕게 하소서.

연약한 친구들에게 먼저 다가가

친구가 되어주는 선한 심령을 주소서.

또한 사회와 한국, 세계로까지

이웃을 사랑하는 마음과 시선이

넓어지게 하시고,
사회적으로 어려움을 당하는 사람들을 위해
시간을 내서 봉사하고,
기부하는 선행을 베풀게 하소서,
이런 일로 주님이 주시는 행복을 느끼고
다른 사람들에게 전하는 ○○(이)가
되게 하시고, 우리 가정이 되게 하소서.

남을 도우려는 마음과 행동이
곧 여러 사람과 함께 하는 실천으로,
그리고 행동으로 이어지도록 주님께서
○○(이)의 삶을 온전히 이끌어 주소서.
그리고 그러한 일을 통해
주님이 주시는 선한 리더십을 배워
주님께 크게 쓰임받게 하소서.
예수님의 이름으로 기도합니다. 아멘.

남과 비교하여
우월감이나 열등감에
빠지지 않게 하소서

단순히 벌을 주는 것과는 상당히 다른 훈계는
가르침과 배움의 과정을 강화시킵니다.

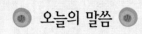

● 오늘의 말씀 ●

빌립보서 2장 3,4절(Philippians 2:3,4)

개 아무 일에든지 다툼이나 허영으로 하지 말고 오직 겸손한 마음으로 각각 자기보다 남을 낫게 여기고 각각 자기 일을 돌볼뿐더러 또한 각각 다른 사람들의 일을 돌보아 나의 기쁨을 충만하게 하라

표 무슨 일을 하든지, 경쟁심이나 허영으로 하지 말고, 겸손한 마음으로 하고, 자기보다 서로 남을 낫게 여기십시오. 또한 여러분은 자기 일만 돌보지 말고, 서로 다른 사람들의 일도 돌보아 주십시오.

영 Do nothing out of selfish ambition or vain conceit, but in humility consider others better than yourselves. Each of you should look not only to your own interests, but also to the interests of others.

"맡은 자들에게 주장하는 자세를 하지 말고 양 무리의 본이 되라"(베드로전서 5장 3절)

"형제를 사랑하여 서로 우애하고 존경하기를 서로 먼저 하며 부지런하여 게으르지 말고 열심을 품고 주를 섬기라"(로마서 12장 10,11절)

우릴 지으시고 창조하신 주님, 감사합니다.

○○(이)가 주님이 지으신 귀한 멋진 작품임을,
또한 주님의 크신 계획을 갖고 태어났음을
깨닫게 되기를 기도합니다.

○○(이)가 주님의 마음을 품고
아무일에든지 다툼이나 허영으로 하지 말고
오직 겸손한 마음으로
자기보다 남을 낮게 여기고
다른 사람들의 일도 돌보아
주님을 기쁘게 하게 하소서.

지금 ○○(이)의 모습은
주님이 보시기에 기뻐하시는 모습이라는
성경의 말씀을 믿고 감사하게 하시고,
잘못된 열등감이나 우월감에

빠지지 않도록 지켜주소서.

더 이상 다른 사람들과 자신을 비교하지 않고
또 미디어가 전파하는 왜곡된 미의 기준으로
잘못된 비교를 하며 마음에 상처를 받지 않고
건강한 주님의 자녀로 살아가게 하소서.

주님이 주신 모습 그대로를 사랑하며
주님이 주신 강점을 발견해
세상에 필요한 일을 하는 것이
참된 행복이며 보람임을 알게 하소서.

주님만을 바라보며
하루를 긍정과 감사로 살아가는
존귀한 주의 자녀가 되도록 인도하소서.
예수님의 이름으로 기도합니다. 아멘.

25일

우울증이나 자살 충동을
갖지 않게 하소서

우리를 사랑하시는 아버지 하나님께서는 우리를 가르치시고
우리에게 보여주시고, 우리를 주목하여 훈계하십니다.

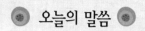

오늘의 말씀

마태복음 16장 26절(Matthew 16:26)

개 사람이 만일 온 천하를 얻고도 제 목숨을 잃으면 무엇이 유익하리요 사람이 무엇을 주고 제 목숨과 바꾸겠느냐

표 사람이 온 세상을 얻고도 제 목숨을 잃으면, 무슨 이득이 있겠느냐? 또 사람이 제 목숨을 되찾는 대가로 무엇을 내놓겠느냐?

영 What good will it be for a man if he gains the whole world, yet forfeits his soul? Or what can a man give in exchange for his soul?

"하나님이 세상을 이처럼 사랑하사 독생자를 주셨으니 이는 그를 믿는 자마다 멸망하지 않고 영생을 얻게 하심이라" (요한복음 3장 16절)

"죄의 삯은 사망이요 하나님의 은사는 그리스도 예수 우리 주 안에 있는 영생이니라"(로마서 6장 23절)

빛으로 찾아와 넘치는 기쁨을 주시는 주님,

오늘도 찬양하며 기뻐합니다.

모든 어둠 세력을 물리치시는 주님의 능력을

○○(이)가 체험하게 되기를 기도합니다.

어려운 문제로 때때로 마음이 힘들고,

참기 어려울 정도로 괴로울 때가 있습니다.

그럴 때마다 좋지 않은 생각을 하기보다는

먼저 주님의 뜻이 있음을 알게 하시고

그 뜻을 찾기위해 주님께 기도로

마음을 터놓을 수 있게 하소서.

그리고 좋은 조언자들을 만나게 하소서.

또한 부모인 저와도 함께 마음을 교통함으로

위기를 극복할 수 있는 지혜를 주소서.

어떤 최악의 순간에서도 자살이라는

잘못된 선택은 절대로 하지 않도록
○○(이)의 심령을 붙잡아 주시고,
마음에 평강을 주시기를 바랍니다.
생명의 존귀함을 알게 하소서.
주님께서 더 좋은 길로 인도하기 위한
고통임을 깨닫게 하소서.

지금 당장의 많은 어려움들은
결국 사라진다는 지혜를 깨닫게 하시고,
모든 어려움과 고통을 아시는 주님께서
○○(이)의 짐을 짊어지셨음을 깨닫게 하시고
마음을 만지시며 위로하소서.
예수님의 이름으로 기도합니다. 아멘.

당신이 자신을 다룰 수 있는 데에는 한계가 있습니다.
만일 당신이 그 한계,
즉 폭발하거나 무너질 시점에 가까이 왔다고 느껴지면,
당신의 자녀들을 피해자로 만들지 않기 위해
도움을 받을 필요가 있습니다.

1. 만일 자녀가 잘못을 했다고 해도, 당신이 일단 화가 나있는 상태라면 징계하지 마십시오. 이는 자녀에게 불공평한 것이고, 위험하기도 합니다.
2. 만일 당신이 성장하는 과정에서 폭력의 피해자였다면, 어린 시절 이러한 경험을 하지 않았던 사람에 비해 폭력적일 수 있는 경향이 큽니다.
3. 만일 당신이 자녀를 - 단 한 번이라도 - 부적절하게 때리거나 발로 찬 적이 있다면, 당신은 전문적인 도움을 받아야 합니다. 이를 깨닫고 인정하는 것이 첫 번째 걸음입니다.
4. 더 깊은 묵상을 위해 잠언 29장을 읽으십시오.

실천 사항 점검

지난 5일 동안 자녀의 특이사항, 실천한 일을 적어보세요.

아이의 특이사항	아이를 위해 실천한 일

26일

책임감 있는
자율성을 확립하게 하소서

당신은 부모입니다. 그리고 하늘 아래 당신의 존재를
대치할 수 있는 것은 아무 것도 없습니다.

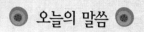

오늘의 말씀

고린도전서 6장 12절(1 Corinthians 6:12)

개 모든 것이 내게 가하나 다 유익한 것이 아니요 모든 것이 내게 가하나 내가 무엇에든지 얽매이지 아니하리라

표 "모든 것이 나에게 허용되어 있습니다." 그러나 모든 것이 유익한 것은 아닙니다. "모든 것이 나에게 허용되어 있습니다" 그러나 나는 아무것에도 제재를 받지 않겠습니다.

영 "Everything is permissible for me" but not everything is beneficial. "Everything is permissible for me" but I will not be mastered by anything.

"믿음의 주요 또 온전하게 하시는 이인 예수를 바라보자 그는 그 앞에 있는 기쁨을 위하여 십자가를 참으사 부끄러움을 개의치 아니하시더니 하나님 보좌 우편에 앉으셨느니라" (히브리서 12장 2절)

"지극히 작은 것에 충성된 자는 큰 것에도 충성되고 지극히 작은 것에 불의한 자는 큰 것에도 불의하니라"(누가복음 16장 10절)

주님의 이름을 위하여

우리를 선히 인도하시는

주님의 은혜와 사랑을 감사합니다.

주님이 주신 자유를 선한 의지를 통해

창조적으로 사용하고 그 결과물로

주님께 영광을 돌리게 하소서,

그렇게 살아가는 ○○(이)가 되게 하옵소서.

하루에도 많은 선택의 순간이 찾아옵니다.

매일 그 순간마다 내리는 결정들이

미래에 큰 영향을 주게 됨을 알게 하시고

주님이 주신 소중한 자유와 결정권을

헛되이 사용하며 후회하지 않게

○○(이)의 생각을 인도하여 주소서.

하나님이 주신 달란트를 활용해

창조적으로 선한 비전과
봉사에 활용하게 하시고,
잘못된 결과에 대해서도
주님을 원망하거나 죄책감으로
고민하기보다는 마음을 고백함으로
주님께 용서를 구함으로 회개하게 하소서.
모든 일을 통해 좋은 리더십을 배우고
미래를 잘 준비하는 자율성을 확립하게 하소서.

나쁜 감정과 후회로 얼룩진 인생이 아니라
주님의 계획하심을 따라
아름답고 멋진 인생으로
그려나가는 삶이 되도록
○○(이)의 하루의 선택들을 주장하여 주소서.
예수님의 이름으로 기도합니다. 아멘.

유혹에 빠지지 않게
하소서

식사 후 5분이라는 아주 짧은 시간만이라도,
가족이 함께 하나님을 만나는 시간을 갖는 것이 어떨까요?

◉ 오늘의 말씀 ◉

잠언 7장 1-2절(Proverbs 7:1-2)

개 아들아 내 말을 지키며 내 명을 간직하라 내 계명을 지켜 살며 내 법을 네 눈동자처럼 지키라

표 아이들아, 내 말을 지키고, 내 명령을 너의 마음 속 깊이 간직하여라. 내 명령을 지켜서 잘 살고 내 교훈을 너의 눈동자를 보호하듯 지켜라.

영 My son, keep my words and store up my commands within you. Keep my commands and you will live; guard my teachings as the apple of your eye.

"가시떨기에 뿌려졌다는 것은 말씀을 들으나 세상의 염려와 재물의 유혹에 말씀이 막혀 결실하지 못하는 자요"
(마태복음 13장 22절)

"오직 오늘이라 일컫는 동안에 매일 피차 권면하여 너희 중에 누구든지 죄의 유혹으로 완고하게 되지 않도록 하라"
(히브리서 3장 13절)

좋은 것으로 넘치는 복을 부어주시는 주님,

찬양과 감사로 경배를 드립니다.
주님의 말씀과 계명을 지키는 것이
참된 복을 받는 비결임을
○○(이)가 깨닫게 하옵소서.

십대 때에는 하지 말아야 할
많은 일들이 있고,
또 때로는 지키기 힘들게 느껴지는
강렬한 유혹들도 찾아옵니다.
그러나 어떤 순간에도 정도를 지키게 하시고,
실수를 저지르기 전에 미리 잘못된 일임을
지혜롭게 깨닫고 이겨내게 하소서.

말씀에 어긋나는 일은 하지 않도록 하시고,
결단을 실천할 용기와 인내를

○○(이)의 성품 가운데 더하소서.

술과 담배, 마약, 음란과 같은 잘못된 유혹에
빠지지 않게 지켜주시고,
다니엘과 요셉처럼 유혹을 이겨내고
참된 복을 받는 삶으로
○○(이)를 인도해주시기를 원합니다.
지금은 미래를 준비하는 기간임을 알고
기쁘게 주님을 배워가게 하소서.

「예」할 것은 「예」하고
「아니요」할 것은 「아니요」하는
용기와 자신감을 주소서.
예수님의 이름으로 기도합니다. 아멘.

28일

차세대
영향력 있는 리더가
되게 하소서

구인: 비평하기보다는 모범을 보여 줄 사람
– 설교하기보다는 기도해 주는 사람

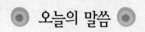

신명기 28장 13절(Deuteronomy 5:14-16)

개 여호와께서 너를 머리가 되고 꼬리가 되지 않게 하시며 위에만 있고 아래에 있지 않게 하시리니 오직 너는 내가 오늘 네게 명령하는 네 하나님 여호와의 명령을 듣고 지켜 행하며

표 오늘 내가 당신들에게 명령하는 바, 당신들이 주 당신들의 하나님의 명령을 진심으로 지키면, 주님께서는 당신들을 머리가 되게 하고, 꼬리가 되게 하지 않으시며, 당신들을 오직 위에만 있게 하고, 아래에 있게 하지는 않으실 것입니다.

영 The LORD will make you the head, not the tail. If you pay attention to the commands of the LORD your God that I give you this day and carefully follow them, you will always be at the top, never at the bottom.

"이로써 그리스도를 섬기는 자는 하나님을 기쁘시게 하며 사람에게도 칭찬을 받느니라"(로마서 14장 18절)

"너희 중에 큰 자는 너희를 섬기는 자가 되어야 하리라" (마태복음 23장 11절)

우리를 꼬리가 아니라 머리가 되게 하시며

진리를 가르쳐 알게 하시는 주님, 찬양합니다.

세상의 빛과 소금으로

저와 ○○(이)를 불러주신 주님,

주님의 말씀을 따라 다시 세상에 나가

빛과 소금으로 쓰임받는 삶을 살기를 바랍니다.

음식의 중요한 맛을 내는 소금과

어둠을 밝히는 유일한 방법인 빛의 역할처럼

사회에서 영향력을 가진 리더로

○○(이)를 성장시켜 주소서.

남 위에 군림하는 사람이 되기보다

제자들의 발을 먼저 허리를 숙여 씻기신

예수 그리스도의 본을 따라

먼저 섬기는 사람이 되게 하시고,

그로 인해 차세대 리더가 되게 하소서.

주님이 주신 비전의 열매를 위해
몸과 마음을 좋은 토양으로 다지는
십대의 때를 보내게 인도해주소서.

높은 자리에 올라서도 믿음을 져버리지 않고
이집트의 국무총리였던 요셉처럼
국민을 위하고 가족을 위하며
신실히 더욱 주님만을 높이게 하소서.

많은 사람들이 ○○(이)를 보고
주님께 영광을 돌리게 해주시고
많은 사람들에게 진정 존경받는 삶을
평생 살도록 지키시고 인도하소서.
예수님의 이름으로 기도합니다. 아멘.

하나님이 주신 물질을
이웃과 나누게 하소서

십대 청소년기는 축복이 될 수도 있고, 전쟁이 될 수도 있습니다.
그리고 이는 주로 자녀가 아닌 부모에 의해 결정됩니다.

◉ 오늘의 말씀 ◉

누가복음 6장 38절(Luke 6:38)

개 주라 그리하면 너희에게 줄 것이니 곧 후히 되어 누르고 흔들어 넘치도록 하여 너희에게 안겨 주리라 너희가 헤아리는 그 헤아림으로 너희도 헤아림을 도로 받을 것이니라

표 남에게 주어라. 그리하면 하나님께서도 너희에게 주실 것이니, 되를 누르고 흔들어서, 넘치도록 후하게 되어서, 너희 품에 안겨 주실 것이다. 너희가 되질하여 주는 그 되로 너희에게 도로 되어서 주실 것이다."

영 Give, and it will be given to you. A good measure, pressed down, shaken together and running over, will be poured into your lap. For with the measure you use, it will be measured to you."

"옳다 인정함을 받는 자는 자기를 칭찬하는 자가 아니요 오직 주께서 칭찬하시는 자니라"(고린도후서 10장 18절)

"너는 진리의 말씀을 옳게 분별하며 부끄러울 것이 없는 일꾼으로 인정된 자로 자신을 하나님 앞에 드리기를 힘쓰라"(디모데후서 2장 15절)

죽으시기까지 우리를 사랑해 주시는 주님,

구원의 은혜를 감사합니다.

주님에게서 사랑을 배우게 됩니다.

하나님과 사람을 사랑하며,

사랑받을 줄 아는 사람으로

○○(이)가 성장하게 하소서.

할 수 있는 모든 정성을 다해

주님을 예배하고, 찬양하고, 드리게 하시고,

또한 주님이 주시는 큰복을

주님의 나라를 확장하는 일에

온전히 사용하는 믿음을 주소서.

어린 시절의 예수님처럼

○○(이)도 하나님과 사람들에게

사랑받는 성품과 신앙을 가진 사람으로

무럭무럭 자라나게 하소서.
또한 받은 은혜와 사랑을
먼저 가까운 사람에게 나누게 하소서.
가장 가까운 가족과 친구에게도
아낌없이 나누며 따듯한 말과 행동으로
먼저 사랑을 실천하는 삶이 되게 하소서.

주님께서 ○○(이)에게 주신 복들은
○○(이)가 축복의 통로가 되어
이웃에게 전하는 사명이 있사오니
주변 관계를 넘어 지역과 사회에까지
말씀을 실천하며 사람들을 도울 수 있는
지경을 넓히는 큰복을 더불어 주소서.
예수님의 이름으로 기도합니다. 아멘.

모든 영광을
하나님께 돌리게 하소서

종교란 사람이 하나님을 찾는 것이요, 복음은 하나님이 사람을
찾는 것이다. 종교는 허다하다. 그러나 복음은 하나뿐이다.
– 스탠리 존스

오늘의 말씀

고린도전서 10장 31절(1 Corinthians 10:31)

개 그런즉 너희가 먹든지 마시든지 무엇을 하든지 다 하나님의 영광을 위하여 하라

표 그러므로 여러분은 먹든지 마시든지, 무슨 일을 하든지, 모든 것을 하나님의 영광을 위하여 하십시오.

영 So whether you eat or drink or whatever you do, do it all for the glory of God.

"그러므로 형제들아 내가 하나님의 모든 자비하심으로 너희를 권하노니 너희 몸을 하나님이 기뻐하시는 거룩한 산 제물로 드리라 이는 너희가 드릴 영적 예배니라"(로마서 12장 1절)

"내가 그리스도와 함께 십자가에 못 박혔나니 그런즉 이제는 내가 사는 것이 아니요 오직 내 안에 그리스도께서 사시는 것이라 이제 내가 육체 가운데 사는 것은 나를 사랑하사 나를 위하여 자기 자신을 버리신 하나님의 아들을 믿는 믿음 안에서 사는 것이라"(갈라디아서 2장 20절)

예수 그리스도의 십자가를 통해

구원의 길을 허락하신 주님, 감사합니다.
어떠한 상황에서도 신앙을 저버리지 않는
강한 ○○(이)가 되게 기도합니다.

학교에서, 학원에서, 때로는 가정에서
믿음을 지키기 어려운 순간들이 있습니다.
식사 시간에 기도를 할 때...
믿지 않는 친구들이 잘못된 권유를 할 때...
말씀이 믿어지지 않고,
주님의 십자가와 보혈이
마음에서 멀어질 때가 있습니다.

그런 순간들이 찾아올수록
더욱 복음의 중심에 들어가게 하시고,
성경을 통해 다시 한 번

복음을 확신하도록 주님이 이끌어 주소서.

껄끄러운 상황이 찾아오더라도
믿음을 표현할 수 있도록 힘을 주시고,
당당히 복음을 선포할 용기를 내도록
○○(이)의 신앙과 믿음을 성장지켜 주소서.

어떤 인생이든 믿음을 지키는 것이
진정한 성공의 지름길임을 알고 지키게 하소서.
그리고, 그로 인해 얻어지는 모든 좋은 것들을
영광의 주님께 철저히 돌려 드리게 하소서.
먹든지, 마시든지, 무엇을 하든지,
다 주님의 영광을 위해 하게 하소서.
예수님의 이름으로 기도합니다. 아멘.

한계를 정해 놓는 것은 안팎으로 안정감을 제공해 줍니다.
한계선 안에 머물고 있다는 것을 앎으로 인해
압박감에서 벗어날 수 있고,
부모인 당신과 자녀의 마음에 평화를 누릴 수 있습니다.
또한 경계선을 가지고 있다는 것은
침입자를 막아주는 울타리와도 같은 것입니다.

1. 어떤 한계들은 협상할 수 없는 것들입니다. 그것들은 정해져 있으며 의논할 여지도 없습니다. 그러나 어떤 것들은 때에 따라 융통성이 필요한 것들도 있습니다.

2. 아이는 자신의 생각을 표현하고 바른 태도로 이의를 주장할 권리를 가지고 있습니다. 그러나 일단 그 문제가 공정하게 의논된 후에는 자녀로서 부모의 결정을 기꺼이 받아들여야 할 필요가 있습니다.

3. 들어주는 것은 중요합니다. 만일 당신의 자녀가 자신의 말에 당신이 충분히 귀를 기울여 주었다는 것을 안다면, 그는 자신의 생각이나 감정이 부모에게 전혀 상관이 없다고 느낄 때보다 훨씬 더 부모의 한계를 잘 받아들일 수 있을 것입니다.

4. 더 깊은 묵상을 위해 창세기 27장을 읽으십시오.

실천 사항 점검

지난 5일 동안 자녀의 특이사항, 실천한 일을 적어보세요.

아이의 특이사항	아이를 위해 실천한 일

⑨ 남편을 위한 무를 기도문

사랑하는 남편의
신앙, 건강, 성공 등을
이루게 하는 아내의 기도서!

⑩ 아내를 위한 무를 기도문

아내를 끝까지 지켜주는
남편의 소망, 소원,
행복이 담긴 기도서!

⑪ 워킹맘의 무를 기도문

좋은 엄마/좋은 직원/
좋은 성도가 되기위해
노력하는 워킹맘의 기도서!

⑫ 손자/손녀를 위한 무를 기도문

어린 손주 양육에
최선을 다하는
조부모의 손주를 위한 기도서!

⑬ 자녀의 대입합격을 위한 부모의 무를 기도문

자녀 합격을 위한
30가지 주제와
30일간 기도서!

⑭ 대입합격을 위한 수험생 무를 기도문

수험생을 위한
30가지 주제와
30일간 기도서!

⑮ 태신자를 위한 무를 기도문

100% 확실한 전도를 위한
30일간의 필수 기도서!

⑯ 새신자 무를 기도문

어떻게 믿어야 할지 모르는
새신자가 30일 동안 스스로
기도하게 하는 기도서!

⑰ 교회학교 교사 무를 기도문

반 아이들을 위해
실제로 기도할 수 있게 하는
교회학교 교사들의 필수 기도서!

⑱ 선포(명령) 기도문

소리내 믿음으로 읽기만 해도
주님의 보호, 능력, 축복,
변화와 마귀를 대적하는
강력한 선포기도가 됩니다!

십대자녀를 위한 무릎 기도문
–멋지고 당당한 십대되게 하소서

엮은이 | 편집부와 이성은
발행인 | 김용호
발행처 | 나침반출판사

6판 발행 | 2025년 1월 20일

등 록 | 1980년 3월 18일 / 제 2–32호
주 소 | 157–861 서울 강서구 염창동 240–21
　　　　블루나인 비즈니스센터 B동 1607호
전 화 | 본 　사(02)2279–6321
　　　　영업부(031)932–3205
팩 스 | 본 　사(02)2275–6003
　　　　영업부(031)932–3207

홈페이지 | www.nabook.net
이 메 일 | nabook365@daum.net

ISBN　978–89–318–1499–6
책번호　바–1042

값은 뒤표지에 있습니다.